Dorothee Raab

Geheime Detektive

und andere Geschichten

Texte von: Dorothee Raab und Christiane Wilde
Illustrationen: Bettina Abel
und Guido Wandrey

Lesetraining
Lesestufe 2
mit Lösungen

Cornelsen
SCRIPTOR

Hallo liebe Kinder,

kennt ihr Rufus Rabenschlau?
Er erlebt viele lustige, spannende Dinge
und hilft euch beim Lesenlernen.
Drückt den Leselotsen Rufus
aus dem Umschlag heraus.
Legt den Lotsen links an das erste Wort
der Zeile und schiebt ihn beim Lesen nach rechts.
So werden die Wörter nacheinander sichtbar.
Nun könnt ihr ein Wort nach dem anderen lesen,
und ihr verrutscht beim Lesen nicht
aus Versehen in der Zeile.

Viel Spaß beim Lesen
mit dem lustigen Raben Rufus
wünscht Dorothee Raab

Geheime Detektive

Marie, Anton, Robert und Anna
wollen etwas spielen.
Marie ruft:
„Heute sind wir Detektive!
Wir helfen der Polizei!“

Anna sagt:
„Ich habe eine dunkle Brille.
Mich erkennt keiner.
Anton, du hast Vaters Hut,
dich erkennt keiner.
Robert, du hast eine Kapuze.
Dich erkennt auch keiner."
Marie zieht
eine schwarze Jacke an.
Das sieht gut aus.

Rufus kommt in das Zimmer.
„Und ich, was soll ich tun?“
„Du versteckst dich
auf einem Baum.
Du bist unser Spürvogel.
Du siehst alles
aus der Luft.“
Auf Zehenspitzen
schleichen die Kinder
auf die Straße.

Was spielen die Kinder?
Kreise ein.

Welche Verkleidung gehört zu den Kindern? Verbinde.

Marie

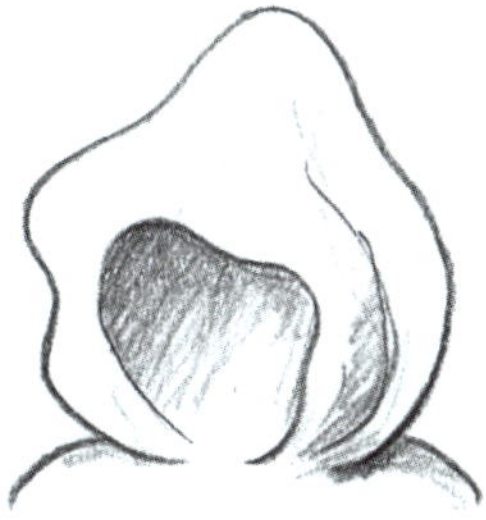

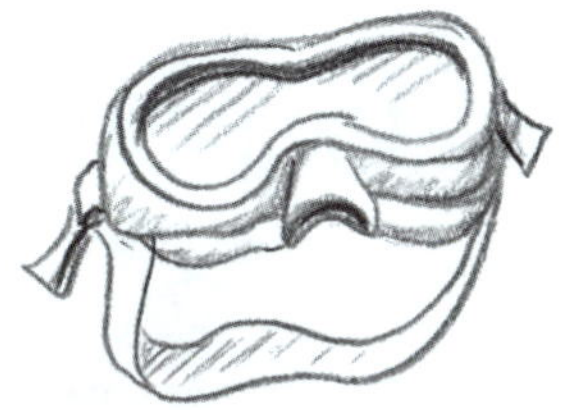

Robert

Anton

Anna

Ein Rabe im Mehl

Marie und Anna wollen backen.
Sie wollen Kekse backen.
Rufus will ihnen helfen.
Das Mehl ist in der Schüssel.
Anna gibt vier Eier dazu.
Rufus sieht die Eier.
Er liebt Eier.

Rufus sitzt am Rand
der Schüssel. „Mmmh!“
Er liebt Eier so sehr.
Rufus will von dem Ei naschen.
Platsch! Die Schüssel fällt um.
Seine Federn sind voll Ei.
Seine Federn sind voll Mehl.
Anna und Marie lachen.
Rufus sieht aus
wie eine weiße Taube!

Was machen die Mädchen?
Male an.

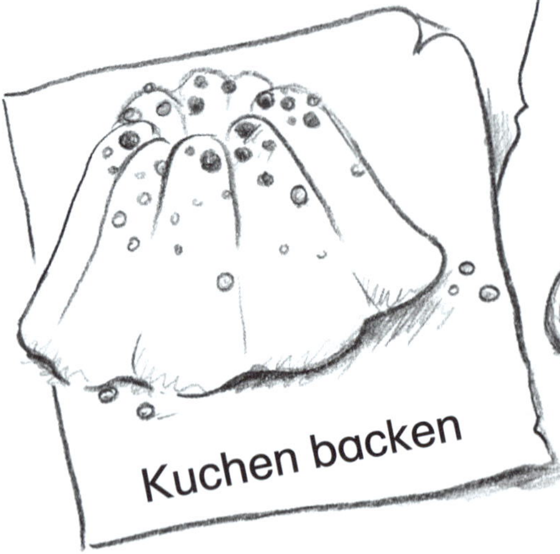

Was steht im Text: Wie sieht Rufus aus?
Unterstreiche.

weiß wie ein Lamm
wie ein Huhn
wie eine Taube
wie ein Gespenst
wie ein Schneemann

Rufus beim Friseur

Marie und Anna spielen Friseur.
Anna holt die Schere aus der Küche.
Sie stellt einen Spiegel auf den Tisch.
Sie schiebt einen Stuhl davor.
Sie holt ein Tuch.
„Guten Tag, Frau Meier!“,
sagt Anna zu Marie.
„Bitte nehmen Sie Platz.
Womit kann ich dienen?“

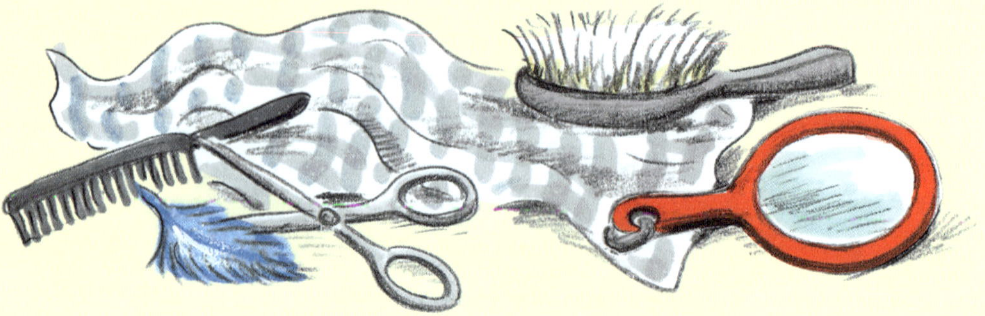

„Guten Tag!“, sagt Marie.
„Bitte einmal Haare waschen
und schneiden.“
Marie sieht Rufus im Spiegel.
„Und bei meinem Raben
die Federn färben.“
„Hilfe!“, ruft Rufus und
versteckt sich schnell
in Roberts Zimmer.

Was spielen die Mädchen?
Male an und unterstreiche.

Koch

Friseur

Polizist

Maurer

Kapitän

Was soll der Friseur machen?

Er soll

☐ die Fahnen färben.

☐ die Felder pflügen.

☐ die Flaschen öffnen.

☐ die Federn fönen.

☐ die Fenster öffnen.

☐ die Federn färben.

Flötenstunde

Um drei Uhr hat Robert
Flötenstunde.
Er soll ein Lied üben:
Alle Vögel sind schon da.
Robert mag das Lied gerne.
Rufus sitzt auf dem Regal.
Rufus schaut in die Noten.
Rufus schaut auf Robert.

Rufus will auch Musik machen.
Er beginnt zu krächzen.
Kra, kra, krakra, krakrakra kra!
„Hör auf, Rufus!“, ruft Robert.
„Warum?“, sagt Rufus.
„Es heißt: Alle Vögel sind schon da!
Und ich bin da!
Und ich kann prima
ohne Noten singen!“

Auf welchem Instrument übt Robert?
Male es an.

Wie heiβt das Lied?
Unterstreiche.

Seifenblasen

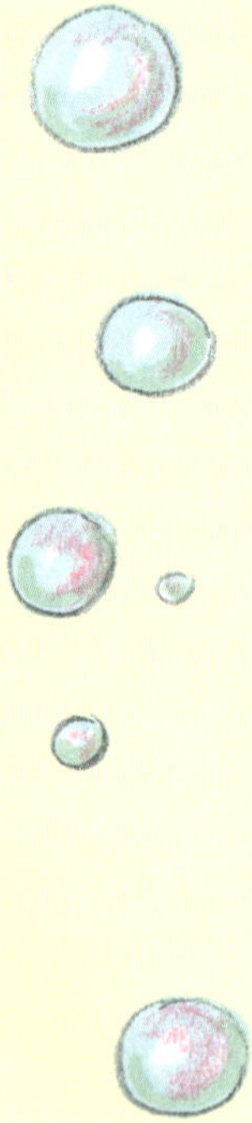

Die Kinder haben Schaum
für Seifenblasen.
Sie wollen große Blasen machen.
Robert pustet.
Die Blase wird groß.
Die Blase wird größer
und immer größer.
Sie fliegt durch das Zimmer.

Rufus sieht die Seifenblase.
Er hüpft durch das Zimmer.
Er will sie anpicken.
Plopp! Die Blase ist kaputt.
Die Kinder lachen.
Rufus ist traurig.
Da macht Anton eine Blase.
„Komm Rufus, die ist für dich!
Die kannst du bestimmt kriegen."

Wer macht für Rufus eine Seifenblase?

Male an.

Unterstreiche, was richtig ist.

Eine Seifenblase kann

fahren   fechten   fliegen

schreiben   schillern   schließen

parken   platzen   putzen

schauen   schweben   schlafen

Hitzefrei

Es ist Sommer.
Schon um zehn Uhr
ist es sehr heiß.
Anton und Robert haben
in der Schule hitzefrei.
„Ich stelle euch
eine Wanne mit Wasser
in den Garten!“, ruft Mutter.
Die Kinder freuen sich.
Sie ziehen
ihre Badehosen an.

Anton und Robert
sitzen im Wasser.
Es ist herrlich kalt.
Sie kreischen.
Sie spritzen sich nass.
Sie lachen.
Rufus sitzt auf dem Rasen.
Ihm ist auch heiß.
„Komm!“, rufen die Kinder.
„Komm zu uns ins Wasser,
es ist ganz warm!“

Warum sind Anton und Robert nicht in der Schule? Kreuze an.

- [ ] Es sind Ferien.
- [ ] Es ist Ostern.
- [ ] Es ist Läusealarm.
- [ ] Es ist hitzefrei.
- [ ] Es ist Sonntag.

Was machen die Kinder?
Unterstreiche.

Der Eisrabe

Der ganze Garten liegt voll Schnee.
Der Rasen ist weiß.
Der Zaun ist weiß.
Die Bäume haben weiße Mützen.
In der Nacht hat es gefroren.
Auf dem Weg ist es glatt.
Robert und Anna wollen
eine Eisbahn bauen.

Marie und Anton kommen auch.
Sie rutschen auf dem Weg zum Haus.
Die Eisbahn wird lang und sehr glatt.
Rufus will auch rutschen.
„Platz da!“, ruft er.
„Hier kommt der Eisrabe!“
Oje! Er hat den Vater nicht gesehen.
Pech gehabt!
Nun liegen beide auf dem Bauch.
Vater lacht und sagt:
„Wir brauchen ein Stopp-Schild
für Raben!“

Male das Bild an.

Rufus hat einen roten Schal.
Anna hat blaue Handschuhe an.
Roberts Mütze ist grün.
Anna hat eine gelbe Jacke an.
Vaters Tasche
ist schwarz.

Welches Schild möchte Vater aufstellen?

Kreise es ein.

Welches Wort hat nichts mit Winter zu tun? Streiche es weg.

Schneemann
Schneeschuhe
Schneeschieber
Schneeanzug
Schneehase
Schneebrille
Schneeglöckchen
Schneebesen
Schneekette